BLOGGER EXPERTO

INDICE

Administrar múltiples blogs

Supervisar el blog de su hijo

Optimizando su blog para motores de búsqueda

Hacer un pedido cuando compras en línea

Productos para facilitar los blogs

Promocionando tu blog

Consejos para mantener tu blog actualizado

Uso de bloggers invitados

Cuando otros no aprueban tu blog

¿Qué es un Blogger?

Un Blogger es una persona – o un conjunto de personas – que administra un sitio o red social en internet con el objetivo de entretener, informar o vender.

Es el Blogger quien mantiene en contacto directo con el público y se comunica con sus visitantes directamente.

Un Blogger puede dedicarse a publicar contenidos interesantes para el público específico de su blog, además de promover productos o servicios.

Por eso, un Blogger es una persona que

puede (o no) dedicarse al Marketing Digital o al Marketing de Contenidos.

Marketing de afiliados y blogs

El marketing de afiliación es una forma en que los bloggers utilizan su blog para generar ingresos. La cantidad de ingresos generados por un blog con enlaces de marketing de afiliación puede variar significativamente según la cantidad de tráfico que recibe el blog, así como la compensación ofrecida por el marketing de afiliación. El marketing de afiliación implica esencialmente crear un enlace en el blog al sitio web de otra empresa. La otra compañía luego compensa al propietario del blog de acuerdo con un contrato previamente acordado. Esta compensación se puede otorgar de varias maneras diferentes. El propietario del blog

puede ser compensado cada vez que se publica el anuncio, cada vez que un visitante único del sitio web hace clic en el anuncio o cada vez que un visitante del blog realiza una acción deseada, como realizar una compra o registrarse en el sitio web. Este artículo discutirá algunos aspectos del marketing de afiliación que los bloggers deben comprender, incluida la selección de oportunidades con cuidado, maximizar el potencial de ingresos para estas oportunidades y comprender los requisitos asociados con estas oportunidades de marketing de afiliación.

Selección de oportunidades de marketing de afiliación

Hay una gran variedad de oportunidades de marketing de afiliación disponibles. Muchas

compañías y sitios web diferentes ofrecen oportunidades de marketing de afiliación. En la mayoría de los casos, el propietario del blog simplemente necesita enviar la dirección del sitio web de su blog junto con alguna otra información básica para su aprobación. En la mayoría de los casos, no es probable que la empresa rechace la solicitud a menos que se considere que el contenido del sitio web es objetable o que entra en conflicto de intereses con los objetivos de la empresa. Sin embargo, aunque obtener la aprobación para mostrar enlaces de afiliados en su sitio web es un proceso bastante simple, esto no significa que los propietarios de blogs deben seleccionar estas oportunidades de marketing de afiliados sin discreción. Es una idea mucho mejor seleccionar cuidadosamente las oportunidades de marketing de afiliación con empresas que sean de interés para el público objetivo del blog.

Un blog bien enfocado que está llegando a un público objetivo específico debe tratar de mostrar enlaces de marketing que dirijan el tráfico del sitio web a empresas que complementen el blog sin actuar como competencia directa del blog. Esto ayuda a garantizar que los visitantes del blog no solo estén interesados en los enlaces de marketing de afiliación y, por lo tanto, es más probable que hagan clic en los enlaces, sino que también ayudará a garantizar que los visitantes del blog no encuentren que los enlaces de marketing de afiliación sean molestos.

Maximizando las oportunidades de marketing de afiliados

Una vez que los propietarios de blogs hayan seleccionado las oportunidades de marketing de afiliación, es hora de considerar cómo pueden maximizar los beneficios generados por estos enlaces. Hay un par de factores críticos que los propietarios de blogs deben considerar cuidadosamente para ayudar a maximizar sus ganancias del marketing de afiliación. Esto incluye evaluar regularmente la efectividad de los enlaces de afiliados y promover el blog para maximizar el tráfico.

Los propietarios de blogs que incorporan marketing de afiliación en su blog deben evaluar periódicamente la efectividad de los enlaces de afiliación. Esto se puede hacer comparando el porcentaje de visitantes del

blog que hacen clic en los enlaces de afiliados con el tráfico general del blog. Un blog que tiene mucho tráfico pero un porcentaje relativamente pequeño de visitantes que hacen clic en los enlaces de afiliados deberían considerar realizar cambios para intentar atraer a más visitantes del blog a hacer clic en los enlaces. Estos cambios pueden involucrar la estética, el tamaño o la ubicación de los anuncios. Se recomienda hacer solo un cambio a la vez porque facilita que el propietario del blog evalúe qué cambios son más beneficiosos.

Los propietarios de blogs también pueden ayudar a maximizar las ganancias de sus oportunidades de marketing de afiliación al hacer autopromoción para impulsar un sitio web adicional al blog. Esto probablemente será beneficioso porque el mayor tráfico del sitio web generalmente se traducirá en

mayores ganancias del marketing de afiliación. Además, el propietario del blog puede mencionar ocasionalmente compañías para las que está afiliado para generar interés en los anuncios en el sitio web.

Comprender los requisitos de marketing de afiliación

Finalmente, los propietarios de blogs deben prestar especial atención a los acuerdos de marketing de afiliación que firman. Esto es importante porque algunas compañías pueden imponer restricciones en el uso de un enlace a su sitio web. Esto puede incluir restricciones tales como evitar contenido objetable, sin incluir enlaces o anuncios para competidores directos o restricciones en la apariencia de los enlaces afiliados. El incumplimiento de estas pautas puede dar

como resultado que el blog pierda privilegios de afiliado y al propietario del blog se le niegue una compensación.

Bloguear por diversión

Aunque los blogs pueden usarse para una variedad de otros propósitos, como generar ingresos, promover una causa y proporcionar información, hay muchos bloggers que disfrutan de los blogs simplemente porque es divertido. Estos bloggers disfrutan de los blogs por razones como mantenerse en contacto con amigos, expresarse o mantener un registro de eventos importantes. Este artículo explicará cómo se pueden usar los blogs para estos fines.

Bloguear para mantenerse en contacto con amigos

Mantenerse en contacto con amigos y familiares es solo una de las muchas razones por las que una persona puede desear comenzar un blog. Esto es especialmente útil para aquellos que se alejan de sus amigos y familiares. Mantenerse en contacto por teléfono, las visitas regulares e incluso el correo electrónico no siempre son fáciles. Esto se debe a que puede ser difícil mantener interacciones de larga distancia con varias personas diferentes a la vez. Sin embargo, al mantener un blog, una persona puede simplificar enormemente el proceso de mantenerse en contacto con amigos y familiares porque no tienen que repetir la información en llamadas telefónicas o correos electrónicos individuales o hacer tiempo para visitar a varias personas diferentes.

Al mantener un blog, el individuo puede elegir publicar una variedad de información y fotos. A través de esta información y fotos, el propietario del blog puede mantener a otros informados sobre los eventos actuales en su vida. Los amigos y familiares pueden ver el blog a su conveniencia para ponerse al día sobre eventos importantes en la vida del propietario del blog y, en la mayoría de los casos, pueden publicar comentarios al propietario del blog. También pueden leer comentarios de otros. Esto es beneficioso si los que ven el blog se conocen porque no solo pueden mantenerse en contacto con el propietario del blog, sino que también tienen la oportunidad de comunicarse con otros amigos y familiares a través de la sección de comentarios del blog.

Bloguear como una forma de expresión

Algunos bloggers comienzan a bloguear como una forma de expresión. Pueden corregir poesía, canciones, cuentos o incluso usar el blog para desahogarse sobre eventos personales o política. Es posible que estos bloggers deseen mantener su blog privado o pueden hacer que el blog esté disponible para el público. Mantener el blog privado es algo así como llevar un diario o un diario. Le da al blogger una forma multimedia de expresarse sin el riesgo de que otros descubran sus verdaderos sentimientos, sueños más íntimos o frustraciones. Otros bloggers optan por hacer públicos estos blogs. Esto puede ser por varias razones diferentes. Compartir estos sentimientos con otros le permite al blogger llegar a otros que pueden tener el mismo interés que el blogger.

Los bloggers que usan su blog como una forma de expresión personal pueden querer ser cautelosos y considerar la decisión de hacer público un blog. Esto es importante porque el propietario del blog inicialmente no puede ver problemas al permitir que otros vean sus pensamientos personales. Sin embargo, con el tiempo puede darse cuenta de que su blog podría ser ofensivo para los demás o podría ocasionar problemas si amigos o familiares lo ven.

Blogging para mantener un registro de eventos

Otra razón común para bloguear es mantener un registro de eventos importantes. Los ejemplos de algunos tipos de eventos que un blogger puede desear documentar incluyen

un embarazo, bodas, vacaciones, eventos deportivos o la finalización de eventos escolares. El uso de blogs para mantener un registro de estos eventos le da al blogger la oportunidad de grabar eventos diarios en una ubicación simple donde pueden mirar fácilmente hacia atrás en el blog o compartir las publicaciones con otras personas que puedan estar interesadas en los eventos. En estos casos, el blog puede servir como una forma de libro de recuerdos que documenta los eventos a medida que ocurren. El propietario del blog puede publicar tantas veces como lo desee y puede optar por incluir elementos como fotos, música, archivos de audio y video en el blog. El blog también puede diseñarse para adaptarse a los eventos que se documentan. Por ejemplo, un diario que representa unas vacaciones puede tener fondos, fuentes y colores que representan el lugar de las vacaciones, mientras que un blog sobre el embarazo

puede presentar elementos que representan el embarazo, los bebés y ser padres.

Blogging para obtener ganancias

Los blogs se están convirtiendo en una forma cada vez más popular para que los empresarios se ganen la vida en línea mientras hacen algo que realmente disfrutan. En muchos casos, los bloggers pueden obtener ganancias con muy poco esfuerzo. Puede haber un poco de trabajo involucrado al principio con el diseño de un método para obtener ingresos y promover el sitio web, pero una vez que esto se establezca, simplemente mantener el blog con publicaciones periódicas puede ser suficiente para mantener los ingresos. Dos de los más populares Los métodos para generar un beneficio de los blogs incluyen métodos de

publicidad. Esto incluye publicidad con AdSense y asegurar anunciantes independientes. Este artículo discutirá estos dos métodos de publicidad en un blog.

Uso de AdSense para generar ingresos

Usar AdSense es una de las formas más populares para que los bloggers generen ingresos de su blog. Este método es muy popular porque también es muy simple. AdSense es un programa ofrecido por Google donde los bloggers aceptan tener anuncios en su sitio web y son compensados cuando los usuarios hacen clic en estos anuncios. Los bloggers simplemente tienen que crear un blog y enviar la dirección del sitio web del blog, así como otra información para solicitar la participación en AdSense. Una vez que se aprueba un blog, el propietario recibe un

código que simplemente puede copiar y pegar para que se muestren anuncios en su blog. Google luego publica anuncios apropiados cada vez que se accede al blog. Siempre que sea posible, los anuncios publicados en el blog están estrechamente relacionados con el contenido del blog porque Google rastrea el sitio web con anticipación para determinar qué anuncios son relevantes para el contenido. Los propietarios de blogs tienen cierta capacidad de imponer restricciones sobre los tipos de anuncios que pueden aparecer en el blog. Por ejemplo, el propietario del blog puede especificar que los anuncios para adultos no aparezcan en el blog y Google los filtrará.

Cómo los ingresos publicitarios en un blog generan ingresos

Muchos bloggers usan anuncios en sus blogs para generar ganancias. Este método de publicidad es más difícil que usar AdSense, pero puede ser significativamente más beneficioso financieramente para el blogger. Este método de publicidad es similar al tipo de publicidad dirigida que a menudo se ve en las revistas. Por ejemplo, las revistas para padres a menudo presentan anuncios que atraerán a los padres, como anuncios de juguetes, ropa para niños o alimentos populares entre los niños. Del mismo modo, una revista para corredores puede presentar anuncios de zapatos, ropa deportiva, carreras o equipos de entrenamiento. En estos casos, los anunciantes pagan por el espacio publicitario en la revista con la esperanza de que la audiencia de la revista se sienta atraída

a comprar productos o servicios después de ver estos anuncios.

Los propietarios de blogs pueden usar este tipo de publicidad, pero puede ser difícil encontrar anunciantes dispuestos. Sin embargo, hay algunos factores que pueden hacer que un anunciante esté más dispuesto a que aparezca un anuncio en un blog. Uno de los factores más importantes para los anunciantes es la cantidad de tráfico que recibe el blog. Esto es importante porque los anunciantes que pagan por espacio publicitario tienen más probabilidades de invertir en un blog con mucho tráfico que uno con muy poco tráfico.

Otro factor importante para los anunciantes es el enfoque del blog. Es más probable que los anunciantes compren espacios

publicitarios de un blog con un enfoque específico de interés para el público objetivo del anunciante. Al igual que los ejemplos enumerados anteriormente de revistas para padres y corredores, los anunciantes desean anunciarse en un blog que ya está llegando al mismo público objetivo.

Los bloggers que utilizan publicidad en su sitio web pueden ser compensados de diferentes maneras. Algunos anunciantes pueden pagar una tarifa fija para que el anuncio se publique en el sitio web por un período de tiempo determinado o por un número determinado de visitas a la página. Esto significa que el anunciante puede comprar espacio por un número determinado de días, semanas o meses o puede comprar espacio por un número determinado de veces que el anuncio se sirve a los visitantes del sitio web.

Alternativamente, el anunciante puede optar por compensar al blogger de acuerdo con la cantidad de veces que ocurren acciones específicas. Esto puede incluir que los usuarios hagan clic en el anuncio o que realicen una compra después de hacer clic en el anuncio. El tipo de compensación ofrecida tendrá que ser resuelto previamente entre el blogger y el anunciante para determinar un método de pago justo.

Blogueando en una red social

Los blogs se están volviendo cada vez más populares y las redes sociales también se están volviendo cada vez más populares. Las redes sociales incluyen sitios web populares como MySpace.com donde los usuarios pueden crear sitios web personales e interactuar con otros usuarios. Estos sitios web pueden incluir una amplia gama de componentes que incluyen texto, imágenes, audio, video y blogs. Aquí los usuarios del sistema pueden expresar sus opiniones, proporcionar actualizaciones sobre su vida, ofrecer información sobre los eventos actuales o cumplir una serie de otros objetivos. Sin embargo, los bloggers que

utilizan una red social para mantener su blog deben considerar algunos factores diferentes. Este artículo discutirá algunos de estos factores, incluyendo si los blogs están disponibles para el público o si se mantienen en privado, considerando la audiencia del blog y lidiando con el acoso a través del blog.

Hacer blogs privados o públicos

La mayoría de las redes sociales permiten a los usuarios hacer que su sitio web sea privado o público. Los sitios web privados solo están disponibles para el usuario y otros usuarios que aprueba específicamente para ver su sitio web, mientras que los sitios web públicos están disponibles para todos los usuarios del sistema. Estas mismas capacidades también se aplican a los blogs que se mantienen en una red social. Por esta

razón, los bloggers deben determinar si desean o no que sus publicaciones de blog estén disponibles para toda la red social o solo para una fracción de esta red.

Esta decisión se basará en gran medida en una cuestión de preferencia personal. Las redes sociales pueden ser bastante extensas y algunos blogueros pueden sentir temor de que su blog esté disponible para una audiencia tan grande, mientras que otros blogueros pueden no tener aprensiones sobre el tamaño de la audiencia potencial. Los bloggers deben considerar cuidadosamente esta opción antes de mirar un blog, pero siempre tienen la opción de cambiar esta configuración después de que se haya establecido el blog si cambian de opinión sobre la elección que hicieron originalmente.

Considerando la audiencia del blog

Los bloggers que utilizan una red social para mantener un blog también deben considerar cuidadosamente la audiencia potencial para el blog. La mayoría de las redes sociales incluyen una amplia sección transversal del público en general. Por lo tanto, los bloggers deben tener en cuenta esta audiencia al publicar un blog y deben considerar cómo los miembros del público interpretarán las entradas del blog. Si bien nunca será posible evitar ofender a todos los miembros potenciales de la audiencia, algunos bloggers pueden considerar al menos intentar asegurarse de que las entradas de blog que publican sean apropiadas para todos los miembros de la red social. Si esto no es posible, el blogger puede considerar hacer que el blog sea privado.

Lidiando con el acoso a través del blog

Otro aspecto que los bloggers que usan una red social para publicar su blog deben tener en cuenta que incluye el potencial de hostigamiento de otros miembros a través del blog. Esto puede ser en forma de comentarios ofensivos publicados en respuesta a entradas de blog. Dependiendo del grado de acoso, el blogger puede optar por ignorar estos comentarios o tomar medidas más enérgicas. Los bloggers deben revisar las políticas de la red social y solicitar su ayuda para lidiar con el acoso de otros usuarios. En la mayoría de los casos, tratar el problema puede ser tan simple como bloquear al usuario para que no haga comentarios en el blog, pero en algunos casos puede ser necesario ponerse en contacto con los administradores de redes

sociales para intentar que el usuario sea expulsado del sistema. En esta situación, los administradores revisarán la situación y decidirán si el usuario ha violado o no los términos del servicio.

Software de blogs

Con los blogs cada vez más populares, también existe una creciente necesidad de software para simplificar el proceso de blogs. Sin embargo, hay muchos paquetes de software diferentes disponibles que pueden hacer que la selección de un paquete parezca abrumadora. Sin embargo, seleccionar un paquete de software no tiene que ser difícil. Los bloggers pueden encontrar sitios web que proporcionan cuadros comparativos para diferentes paquetes de software para simplemente el proceso de toma de decisiones. Estos gráficos pueden ahorrarle al blogger una gran cantidad de tiempo y esfuerzo porque recopilan una gran cantidad de información en una ubicación conveniente. Es posible que el bloguero aún

necesite información adicional antes de usar estos cuadros comparativos para tomar una decisión. El artículo proporcionará información sobre parte de esta información adicional que puede ser útil, como la forma de comprender los cuadros de comparación, los métodos para comparar los paquetes de software y los consejos para seleccionar un paquete de software de blogs.

Criterios de software de blogs

Aquellos interesados en comenzar o mantener un blog deben comprender completamente los criterios de software de blogs antes de intentar comparar paquetes de software. Algunos de los criterios que es importante comprender incluyen los requisitos mínimos del servidor, el almacenamiento de datos y el editor de

38

publicaciones. Comprender estos criterios es fundamental para el proceso de comparación y selección de paquetes de software de blogs.

Los requisitos mínimos del servidor se refieren a los requisitos mínimos para el servidor en el que se instalará el software. En la mayoría de los casos, la potencia y la velocidad del servidor no son relevantes, sino que dependen de la potencia y la velocidad del software necesario para el correcto funcionamiento del software del blog. Puede haber costos adicionales asociados con este software, así como requisitos de licencia adicionales.

El almacenamiento de datos también es una parte importante de la evaluación de los paquetes de software de blogs. Esto puede incluir opciones como un archivo plano, un

archivo de datos o una base de datos. Un archivo plano se refiere a las opciones de almacenamiento en las que se extrae la página completa cada vez que un navegador solicita el blog. Un archivo de datos se refiere a situaciones en las que los datos del blog se insertan en una plantilla cuando un navegador solicita el blog. Una base de datos se refiere a las opciones de almacenamiento en las que la información necesaria se extrae de un archivo plano y se inserta en una plantilla cuando el navegador solicita el blog.

El editor de publicaciones es otro criterio que un blogger puede querer investigar detenidamente antes de seleccionar el software de blogs. El editor de publicaciones se refiere al tipo de editor que se utilizará para completar las publicaciones enumeradas en el blog. Estos métodos de entrada de datos pueden incluir opciones como HTML o

JAVA.

Comparación de paquetes de software de blogs

Los bloggers que buscan un paquete de software para blogs deben comparar cuidadosamente los diferentes paquetes de software disponibles. Esto es importante porque obviamente algunos paquetes de software son superiores a otros. También es importante porque algunos paquetes de software pueden ser más adecuados para las necesidades de un blog en particular que otros paquetes. Al comparar los paquetes de software de blogs, es importante que el blogger primero considere cuidadosamente las necesidades del blog. Esto es importante porque ayudará al blogger a darse cuenta de qué criterio es más relevante para su blog en

particular.

Selección de paquetes de software de blogs

Después de evaluar cuidadosamente los paquetes de software de blogs, es hora de que el blogger tome una decisión y seleccione uno de los paquetes disponibles. Idealmente, el blogger ya habrá comparado datos importantes como el espacio de almacenamiento, los requisitos del servidor y los editores de publicaciones. Sin embargo, el blogger también debe considerar otros factores como el costo y la versatilidad. Muchos paquetes de software de blogs están disponibles de forma gratuita, mientras que hay algunos que están disponibles para su compra. El blogger tendrá que decidir si vale la pena comprar un paquete de software o no, o si los paquetes de software libre

satisfarán sus necesidades de blogging.

Después de considerar los criterios y el costo del software, el blogger debería considerar ver blogs de muestra creados con un paquete de software en particular. Esta es una buena idea porque estas muestras pueden proporcionar una buena indicación de las capacidades del software. Esto se debe a que, en general, cuanto mayor es la calidad de las muestras, mayores son las capacidades del software.

Bloguear para promover una causa

Si bien muchos bloggers mantienen un blog por razones personales o sociales o para generar ingresos, hay otros bloggers que utilizan sus blogs para promover una causa. Estos blogs pueden estar dirigidos a una causa política o social específica, dependiendo de los intereses del blogger, así como de la opinión del blogger de que el blog puede producir los cambios políticos o sociales que está buscando. Los blogs que se comprometen a promover una causa particular pueden enfrentar más adversidades que los blogs con un tema más ligero, pero también pueden ser muy efectivos. Sin embargo, los propietarios de

blogs que opten por mantener este tipo de blog deben conocer las ramificaciones de este tipo de blog. Por ejemplo, los propietarios de blogs pueden recibir comentarios negativos de los lectores del blog que no están de acuerdo con la causa. Este artículo ofrecerá algunos consejos para elegir una causa para un blog y para promocionar el blog entre los visitantes interesados.

Elegir una causa para un blog

Elegir una causa para un blog puede variar en dificultad, desde extremadamente fácil hasta increíblemente difícil. La dificultad para tomar esta decisión dependerá en gran medida de las creencias personales del propietario del blog. El propietario de un blog que ya está comprometido con una causa en particular probablemente

encontrará que esta decisión es bastante simple, mientras que los propietarios de blog que no tienen convicciones sociales o políticas fuertes o que tienen una amplia variedad de causas que desean promover pueden encontrar que tomar esta decisión Ser bastante difícil. Sin embargo, hay algunos factores que el propietario del blog debe considerar cuidadosamente antes de seleccionar una causa para promover en un blog.

En primer lugar, el propietario de un blog debe seleccionar un tema para el que ya tenga bastante conocimiento o para el que esté dispuesto a investigar mucho. Esto es importante porque el propietario del blog debe publicar entradas de blog de forma regular. Estas entradas de blog deben ser precisas e informativas para el lector. Por lo tanto, el propietario del blog debe estar bien

versado en el tema o al menos interesado en aprender más sobre el tema.

Los propietarios de blogs también deben considerar cuidadosamente el potencial para influir en los visitantes del blog con respecto al tema del blog. Aunque no será posible convencer a todos los visitantes del blog para que crean en la causa promovida por el blog, el propietario del blog debe seleccionar un tema con el que esté seguro de que los visitantes del blog estarán influenciados para estar de acuerdo con los puntos de vista que presenta el blog.

Promoción del blog a los visitantes interesados

Una vez que el propietario del blog decide sobre un tema para el blog, es hora de descubrir cómo promocionar el blog entre el

público objetivo. Esto se puede lograr de varias maneras diferentes. En aras de la brevedad, este artículo discutirá la promoción de un blog a través de la optimización de motores de búsqueda y la promoción de un blog a través de la participación en foros relevantes.

La optimización de motores de búsqueda es una forma muy efectiva de promocionar un blog. Esta práctica implica hacer esfuerzos para aumentar la clasificación de los motores de búsqueda para garantizar que los usuarios interesados de Internet sean dirigidos al blog. Esto se puede hacer de varias maneras diferentes, incluido el uso cuidadoso de las palabras clave apropiadas, el uso apropiado de etiquetas como las etiquetas de título y las etiquetas de imagen y la generación de vínculos de retroceso al blog. Todos estos esfuerzos pueden ayudar a mejorar las

clasificaciones de los motores de búsqueda que también deberían mejorar el tráfico del blog.

Los propietarios de blogs también pueden promocionar su blog participando en foros y tableros de mensajes relevantes. El propietario del blog puede simplemente participar en estos foros y ofrecer información relevante al tiempo que incluye un enlace al blog en su firma. Es probable que otros usuarios del foro hagan clic en el enlace si el propietario del blog es respetado dentro del foro. El propietario del blog puede incluso incorporar un enlace a su blog en el cuerpo del mensaje de las publicaciones del foro si es apropiado y aceptable de acuerdo con las pautas del tablero de mensajes.

Blogging con Wordpress

Wordpress es una de las muchas opciones disponibles para los bloggers que buscan software gratuito en línea, lo que hace que sea increíblemente fácil publicar su propio blog. Este software es fácil de usar, proporciona una variedad de plantillas y ofrece un excelente soporte para los bloggers. Hay muchas opciones disponibles para los bloggers y otros programas de blogs pueden ser mejor conocidos y ofrecer características ligeramente diferentes, pero muchos bloggers están bastante satisfechos con Wordpress. Este artículo ofrecerá información útil para los bloggers que estén considerando comenzar un blog con Wordpress, como razones para elegir Wordpress, consejos para comenzar un blog e información sobre el

soporte ofrecido por Wordpress. Sobre la base de esta información, así como sus propios bloggers de investigación pueden decidir si Wordpress es adecuado para ellos o si deberían buscar una red de blogs diferente.

Razones para elegir Wordpress

Hay muchas buenas razones para elegir Wordpress para comenzar un blog. Algunas de estas razones incluyen una gran variedad de plantillas, la capacidad de categorizar y etiquetar publicaciones fácilmente, características como el corrector ortográfico, las vistas previas y el autoguardado, la capacidad de publicar texto, archivos de audio y video, una variedad de opciones de privacidad y la capacidad para rastrear datos estadísticos relacionados con el blog, además de otras excelentes características. Algunas

de estas características pueden ser más importantes para algunos blogueros que para otros, por lo que decidir si Wordpress es adecuado para usted será en gran medida una cuestión de preferencia personal. Por ejemplo, los bloggers con poca o ninguna experiencia en programación pueden disfrutar de la gran cantidad de plantillas disponibles en Wordpress, mientras que los bloggers que están preocupados por los problemas de privacidad pueden estar más interesados en las opciones de privacidad disponibles a través de Wordpress. Investigar cuidadosamente estas características ayudará a los bloggers a determinar si deberían comenzar un blog con Wordpress.

Comenzando un Blog con Wordpress

Los bloggers que optan por comenzar un

blog con Wordpress ciertamente no se sentirán decepcionados por la cantidad de tiempo que lleva iniciar un blog. Un blogger puede literalmente iniciar un blog con Wordpress en minutos. Esto es tremendamente importante para los bloggers que están ansiosos por comenzar y no quieren lidiar con un largo proceso para comenzar un blog. Los únicos requisitos para iniciar un blog son una dirección de correo electrónico válida y un nombre de usuario. El blogger ingresa esta información en la página de registro y recibe una contraseña casi al instante. Luego, el blogger simplemente tiene que revisar su correo electrónico, seguir el enlace de activación provisto y usar la contraseña provista y el proceso está completo. El blogger puede comenzar a bloguear de inmediato.

Soporte ofrecido por Wordpress

Para muchos blogueros por primera vez, el tipo de soporte ofrecido es muy importante. Esto se debe a que los blogueros por primera vez pueden tener bastantes preguntas sobre el proceso de iniciar un blog básico y, una vez que establecen un blog básico, pueden tener preguntas adicionales sobre el uso de funciones avanzadas y la personalización del blog. Wordpress ofrece una gran cantidad de soporte para bloggers de todos los niveles. El soporte ofrecido por Wordpress incluye la capacidad de contactar al personal de soporte, así como la posibilidad de recibir soporte de otros miembros a través de foros en línea. Aunque el personal de soporte es increíblemente receptivo, algunos bloggers disfrutan de la capacidad de comunicarse con otros bloggers en foros. Esto se debe a que los foros están activos las 24 horas del día y los

bloggers pueden encontrar el apoyo de sus compañeros en cualquier momento.

Carreras en blogs

Muchos escritores independientes están comenzando a encontrar que los blogs son una de las oportunidades profesionales más nuevas disponibles para ellos. Blogging es esencialmente una serie de publicaciones sobre un tema en particular que se enumeran en orden cronológico inverso. Estos blogs pueden ser sobre una variedad de temas diferentes y pueden ser personales, políticos, informativos, humorísticos o cualquier otra categoría deseada por el blogger. Sin embargo, la clave para un blog exitoso es un blog que se refiera a un tema que atraiga a un público amplio. Además, el blog debe actualizarse regularmente y debe proporcionar contenido útil a los lectores del blog. Este artículo proporcionará información

sobre cómo encontrar oportunidades de carrera en los blogs, discutirá los beneficios de este tipo de carrera y proporcionará información sobre cómo los escritores pueden administrar un blog con éxito.

Encontrar oportunidades de carrera en blogs

Aunque las oportunidades de carrera en los blogs se están volviendo cada vez más populares, muchos escritores no son conscientes de cómo encontrar estas maravillosas oportunidades. Estas oportunidades de carrera se pueden ofrecer como posiciones de escritura fantasma o como posiciones que ofrecen un perfil para el escritor y encontrar estas oportunidades de blog es a menudo muy similar a encontrar otras oportunidades de carrera para escritores. Las empresas que buscan un

blogger pueden publicar la oferta de trabajo de la misma manera en que publicarían otras vacantes en la empresa, tales como puestos de contabilidad o puestos administrativos. Por lo tanto, los escritores interesados en un puesto como blogueros deben utilizar los mismos sitios web de búsqueda de empleo en los que confían para encontrar otras oportunidades profesionales.

Los bloggers también pueden visitar sitios web de carreras y tableros de mensajes que se centran exclusivamente en carreras en blogs. El sitio web ProBlogger.net es solo un ejemplo de un sitio web dedicado exclusivamente a poner a los bloggers en conexión con aquellos que están interesados en contratar a un escritor para un blog en particular. Los bloggers interesados también deberían considerar unirse a los foros para aquellos que bloguean para ganarse la vida.

Esto puede ser beneficioso porque aquí es probable que los bloggers compartan información sobre las compañías para las que trabajan, así como cualquier información que tengan sobre las compañías que actualmente buscan contratar bloggers.

Los beneficios de una carrera en blogs

Hay muchos beneficios de seguir una carrera en los blogs. Quizás uno de los beneficios más atractivos para una carrera en los blogs es que el trabajo generalmente se puede hacer como una posición de teletrabajo. Esto se debe a que mientras el blogger tenga acceso al software necesario para escribir y cargar un blog, no es necesario que el blogger realice el trabajo desde una ubicación específica. Esto significa que el blogger puede residir prácticamente en cualquier parte del mundo

y probablemente puede realizar el trabajo necesario desde su propia casa. Sin embargo, no todas las posiciones de blogging son posiciones de teletrabajo. Algunas compañías pueden requerir que los bloggers realicen el trabajo en el sitio como una cuestión de preferencia personal.

Otro beneficio de una carrera en blogs es la capacidad de realizar el trabajo a un ritmo que sea conveniente para el blogger. Es posible que se requiera que el blogger cargue una nueva publicación en el blog de acuerdo con un cronograma regular, pero la escritura real de las publicaciones se puede lograr cuando sea conveniente para el blogger. Muchos paquetes de software de blogs permiten al blogger establecer una hora específica para que se cargue una publicación específica. Esto permite al blogger escribir varias publicaciones a la vez y hacer que

publiquen de acuerdo con un horario predeterminado.

Encontrar tiempo para blog

Uno de los problemas que enfrentan muchos bloggers es encontrar el tiempo para bloguear. Esto es especialmente difícil si el blogger mantiene varios blogs o si el blogger mantiene un blog de eventos actuales en el que las publicaciones deben ser oportunas para ser relevantes e interesantes para los lectores. Escribir publicaciones de blog en lotes y programarlas para publicar según sea necesario es una forma de lidiar con la administración de varios blogs. Sin embargo, los escritores de blogs relacionados con eventos actuales deben tener especial cuidado para presupuestar su tiempo sabiamente para asegurarse de que están

publicando publicaciones de blog de actualidad. Una forma de lograrlo es reservando un tiempo diario para leer los eventos actuales para obtener inspiración y luego programar un tiempo para escribir y publicar el blog. Por ejemplo, un blogger con un blog de eventos actuales podría optar por revisar las noticias del día anterior a primera hora de la mañana para asegurarse de que está revisando todas las noticias relevantes del día anterior antes de escribir la publicación del blog.

Manejo de comentarios en tu blog

La mayoría de los blogs permiten a los visitantes del blog publicar comentarios en cualquiera de las publicaciones del blog. Estos comentarios pueden pertenecer a la publicación del blog o pueden ser completamente ajenos. Los comentarios también pueden ser de naturaleza positiva o negativa. Independientemente del tipo de comentario dejado por un visitante, el blogger puede optar por manejar estos comentarios de varias maneras diferentes. El blogger puede responder estos comentarios, impedir que los visitantes individuales dejen comentarios en el futuro o usar funciones administrativas para eliminar comentarios o

configurar el blog para que requiera la aprobación de los comentarios antes de que se publiquen en el blog. Este artículo discutirá cada una de estas opciones para tratar los comentarios en un blog con mayor detalle.

Responder comentarios en tu blog

Los bloggers que reciben comentarios en su blog pueden querer responder a estos comentarios. La mayoría de los programas de blog le permiten al blogger publicar comentarios en su propio blog, lo que le permite responder directamente. Con esta característica, un blogger puede lidiar con una serie de situaciones diferentes, incluidos comentarios negativos, comentarios positivos y preguntas. Los bloggers que reciben comentarios negativos en su blog pueden

optar por responder estos comentarios directamente con una refutación a los comentarios negativos. Esto le permite al blogger reconocer las críticas y defender su publicación original. Los bloggers que reciben comentarios positivos también pueden responder estos comentarios para agradecer a los visitantes por los elogios. Aún otros bloggers pueden recibir comentarios que hacen una pregunta sobre la publicación del blog o sobre el blogger mismo. Los bloggers pueden optar por responder estas preguntas para desarrollar una mejor relación con los visitantes del blog.

Bloqueo de comentarios de visitantes individuales

Otra opción para tratar los comentarios del blog que son de naturaleza negativa es bloquear los comentarios de los visitantes individuales del blog. En la mayoría de los casos, los bloggers tendrán la capacidad de bloguear a un usuario en particular para que no deje comentarios en el blog. El blogger puede desear usar esta opción en situaciones en las que los comentarios del visitante del blog sean extremadamente mezquinos. El blogger también puede desear prohibir a los visitantes individuales del blog que hagan comentarios si previamente ha intentado explicar su punto al visitante pero el visitante continúa publicando comentarios negativos. Un blogger también puede desear prohibir que un visitante individual haga comentarios si cree que los comentarios se dejan como spam.

Usar características administrativas

Otra opción más para tratar los comentarios en un blog incluye el uso de funciones administrativas para eliminar comentarios o modificar la configuración para no permitir que se muestren comentarios hasta que el blogger los apruebe. Los propietarios de blogs suelen tener la capacidad de eliminar un comentario dejado por un visitante del blog. Eliminar estos comentarios suele ser un proceso bastante simple. Sin embargo, no es un método completamente efectivo porque otros visitantes del blog pueden tener la oportunidad de leer estos comentarios antes de que se eliminen. Por lo tanto, eliminar el comentario puede evitar que algunos visitantes lo lean, pero no garantizará que ningún visitante del blog lo vea. Sin embargo, hay una manera para que los bloggers se aseguren de que los visitantes no lean

67

comentarios negativos. La mayoría de los tipos de software de blogs tienen opciones que requieren que el blogger apruebe todos los comentarios antes de que estén disponibles para el público. Esto le da al blogger la capacidad de eliminar un comentario antes de que sea leído por cualquiera de los visitantes del blog. El blogger puede simplemente eliminar cualquier comentario que no desee que otros lean antes de que se publiquen los comentarios.

Elementos de diseño de un blog

Un blog puede ser esencialmente un diario en línea que se muestra en orden cronológico inverso, pero también es un sitio web que requiere la misma atención para detallar cualquier otro sitio web. También requiere los mismos elementos de diseño que un sitio web normal que tampoco funciona como un blog. Los bloggers tienen que tomar decisiones con respecto a los elementos de diseño del blog, como los colores y el diseño, las fuentes y la inclusión de anuncios. Aunque muchos programas de software de blog proporcionan una variedad de plantillas que hacen que el diseño de un blog sea bastante simple, los blogs también pueden

ser altamente personalizados por bloggers que poseen algunas habilidades de programación. Este artículo discutirá algunas de las consideraciones básicas de diseño que encuentran los bloggers.

Colores y diseños de un blog

Los colores y el diseño de un blog son una de las consideraciones de diseño más obvias que los bloggers deben tener en cuenta al comenzar o rediseñar su blog. Los bloggers pueden usar un fondo de color sólido, bloques de diferentes colores en el fondo o imágenes o texturas en el fondo. Estos elementos de fondo pueden ser de cualquier color imaginable. Sin embargo, los bloggers que están considerando los colores para usar en su blog deberían considerar usar colores que sean estéticamente atractivos para la

mayoría de los visitantes del blog. Esto es importante porque el uso de colores llamativos que son duros para la vista puede reducir el tráfico del blog.

El diseño del blog también debe ser considerado cuidadosamente por el blogger. El blog debe estar organizado de una manera que sea atractiva para los visitantes del blog, se adapte al tema del blog y se presente de una manera lógica que sea fácil de seguir para los visitantes. Una vez más, esto es importante porque si no se utiliza un diseño que cumpla con estos criterios, los visitantes del blog pueden optar por no visitarlo porque el diseño es confuso o poco atractivo.

Fuentes utilizadas en un blog

Los bloggers tienen una serie de opciones disponibles cuando seleccionan las fuentes para usar en su blog. Estas opciones incluyen la fuente elegida, el tamaño del texto y el color del texto. Los bloggers deberían considerar elegir una fuente que funcione bien con el diseño general del diseño del blog y que se adapte al tema del blog, pero que también sea una fuente común. Esto es importante porque los visitantes del blog pueden tener problemas para ver la fuente si el blogger selecciona una fuente única que no es común. El tamaño del texto y los colores del texto también deben considerarse cuidadosamente. Estos elementos son principalmente importantes para la legibilidad. El tamaño del texto debe establecerse para que los miembros del público objetivo puedan leer el texto

fácilmente. Por ejemplo, un blogger con personas mayores como público objetivo puede optar por usar un tamaño de texto un poco más grande de lo habitual. Los colores utilizados para el texto también deben seleccionarse para mejorar la legibilidad. Una forma de hacerlo es seleccionar colores que sean atractivos para la vista pero que también contrasten con el color de fondo.

Inclusión de anuncios en un blog

Los bloggers también deben considerar la inclusión de anuncios cuando diseñan sus blogs. Esto incluye determinar si se incluyen o no los blogs. Una vez que se toma esta decisión, los bloggers que optan por incluir anuncios deben considerar cuidadosamente cómo y dónde desean mostrar estos anuncios. Los anuncios se pueden mostrar en

varias ubicaciones en todo el blog y se pueden diseñar para que sean discretos u obvios, según las preferencias del blogger. Los anuncios también pueden tener una variedad de tamaños y formas y son altamente personalizables de diferentes maneras.

Encontrar blogs para leer

Hay una gran variedad de blogs disponibles actualmente. Los usuarios de Internet tienen la suerte de tener una gran cantidad de blogs para elegir cuando buscan un blog para leer regularmente. También hay a menudo muchos blogs disponibles que cubren un tema en particular. Los blogs pueden ser sobre cualquier tema imaginable. Algunos blogs se crean para entretener, mientras que otros se crean para informar. Algunos blogs se crean para generar ganancias, mientras que otros se crean para ayudar a otros. Con tantos blogs actualmente disponibles en línea, puede ser difícil determinar qué blogs vale la pena leer y cuáles no. También puede dificultar la limitación del número de blogs que lee el usuario de Internet. Este artículo

proporcionará información sobre cómo encontrar y seleccionar blogs para leer, incluido el uso de motores de búsqueda para encontrar blogs, encontrar blogs mediante la participación en tableros de mensajes y buscar recomendaciones para blogs de amigos o familiares.

Uso de motores de búsqueda para encontrar blogs

Los motores de búsqueda son uno de los recursos más confiables en los que los usuarios de Internet a menudo confían para encontrar sitios web útiles. Sin embargo, es importante tener en cuenta que los motores de búsqueda también pueden ser extremadamente útiles para los usuarios de Internet que estén interesados en encontrar blogs para leer. Un usuario de Internet que

está buscando un blog sobre un tema en particular puede comenzar el proceso de encontrar estos blogs ingresando palabras clave o frases relevantes en un motor de búsqueda popular y revisando cuidadosamente los resultados proporcionados para esta búsqueda. Sin embargo, este tipo de búsqueda no necesariamente proporcionará a los usuarios de Internet blogs. De hecho, los resultados de la búsqueda pueden no incluir un blog en ninguna de las primeras páginas en los resultados de la búsqueda a pesar de devolver páginas y páginas de enlaces a sitios web útiles.

Una forma sencilla en que el usuario de Internet puede usar los motores de búsqueda para encontrar blogs relacionados con un tema en particular es incluir la palabra blog con las palabras clave o frases ingresadas en

el motor de búsqueda. Esto ayudará a filtrar los resultados de búsqueda y puede empujar a los blogs hacia el frente de los resultados de búsqueda. Sin embargo, es mejor que los usuarios de Internet busquen colecciones de blogs y luego busquen dentro de estas colecciones aquellas de interés.

Encontrar blogs en tableros de mensajes

Muchos usuarios de Internet confían en los tableros de mensajes para encontrar blogs interesantes e informativos. Esto se debe a que muchos participantes del tablero de mensajes que tienen un blog a menudo encuentran formas de hacer que otros conozcan este blog. Esto puede ser a través del proceso de incorporar un enlace al blog en la firma del usuario del tablero de mensajes o, cuando sea apropiado,

proporcionar el enlace al blog directamente en el cuerpo del mensaje de una publicación en el tablero de mensajes. Aunque muchos blogueros pueden aprovechar la oportunidad de promocionar su propio blog a través de tableros de mensajes, aquellos que estén interesados en encontrar nuevos blogs probablemente no tendrán tiempo para revisar todos estos blogs. Por lo tanto, es aconsejable que estos usuarios de Internet discriminen un poco sobre los blogs que eligen visitar. Una forma de hacerlo es visitar solo blogs de carteles de foros regulares que ofrecen información valiosa para las conversaciones en el tablero de mensajes. El usuario de Internet también puede evitar los blogs que parecen estar publicados como spam. Esto es importante porque es probable que estos blogs no solo sean de baja calidad, sino que también visitar estos blogs alienta al propietario del blog a continuar enviando mensajes de spam con su enlace.

Buscando recomendaciones para blogs

Finalmente, los usuarios de Internet que buscan blogs para leer regularmente pueden considerar buscar recomendaciones de amigos o familiares que compartan un interés particular. Los amigos o familiares que estén interesados en el mismo tema que usted ya pueden leer regularmente blogs relevantes para este interés. Vale la pena pedirles recomendaciones porque no tienen ninguna razón para hacer nada más que recomendar blogs que realmente disfrutan y asumir que también te interesará. Además, este método de búsqueda de blogs es ideal porque sus amigos y familiares probablemente conozcan bien sus gustos y expectativas y lo guíen en la dirección correcta.

Encontrar su nicho de blogs

Encontrar tu nicho de blogging debería ser uno de los aspectos de blogging que el blogger considera cuidadosamente antes de comenzar un blog. Esto es especialmente importante si los blogs se realizan con el fin de obtener una compensación financiera. Idealmente, el propietario de un blog debe seleccionar un tema del blog que le apasione y conozca. Sin embargo, los bloggers también deben considerar cuidadosamente la competencia directa, así como el propósito del blog antes de comenzar su blog. Este artículo discutirá estas consideraciones con mayor detalle en un intento de ayudar a los bloggers a elegir un tema para un nuevo

blog. Esta información es aplicable tanto a los bloggers que son completamente nuevos en el blogging como a los bloggers experimentados que están considerando comenzar un nuevo blog.

Aislando sus intereses

Una de las primeras consideraciones para un nuevo blogger son sus intereses personales. Esto es importante porque un blogger apasionado y conocedor de un tema en particular no solo tendrá un momento fácil para encontrar ideas para nuevas publicaciones en el blog, sino que también será muy exitoso. Es probable que este éxito se deba al hecho de que los visitantes del blog pueden sentir su pasión por el tema y aprecian enormemente las publicaciones informativas que son informativas y precisas.

Los intereses del blogger pueden abarcar toda una gama de temas que son ampliamente populares a temas que son de interés para un pequeño subgrupo de la población. Sin embargo, es probable que haya lectores interesados, independientemente del tema del blog. Por lo tanto, no se desanima a los bloggers de optar por bloguear incluso sobre los temas más oscuros. Sin embargo, los bloggers que buscan ganancias financieras a través del alto tráfico del blog deberían considerar seleccionar un tema que atraiga a un público más amplio.

Evaluando la competencia

Una vez que un blogger ha seleccionado uno o más temas que está considerando para un blog, es hora de comenzar a evaluar la

competencia. Esto incluye ver otros blogs que cubren el mismo tema. Esto no solo le dará al blogger una buena indicación de si el mercado ya está saturado con blogs sobre este tema y la calidad de los blogs existentes sobre este tema. Con base en esta información, el blogger puede tomar una decisión informada sobre si se siente o no capaz de competir por el tráfico del blog con los blogs existentes.

Considerando el Propósito del Blog

Otra consideración importante para los bloggers es el propósito de los blogs. Los blogs se pueden crear por una variedad de razones, incluida la compensación financiera, el uso personal o para promover una causa. Los bloggers que están comenzando un blog para uso personal pueden desear considerar

sus propios intereses al comenzar un blog porque probablemente no estén buscando un alto tráfico de blog. Sin embargo, los bloggers que crean un blog con el fin de generar ganancias o promover una causa tienen que considerar factores como la capacidad de generar tráfico de blog. En estos casos, el blogger debe elegir un tema que atraiga a una gran audiencia. Además, Internet no debería estar saturado de blogs sobre este tema porque probablemente será difícil para el nuevo blog obtener una parte del tráfico del blog. Finalmente, los propietarios de blogs deben considerar la calidad del blog que son capaces de crear sobre un tema en particular. El blogger debe elegir un tema en el que esté seguro de que no solo puede hacer publicaciones regulares, sino también asegurarse de que estas publicaciones sean originales, informativas e interesantes.

Mejora de la clasificación del motor de búsqueda de tu blog

Los bloggers que estén interesados en llegar a una gran audiencia con su blog deberían considerar prestar especial atención a la optimización de motores de búsqueda de su blog. Llegar a una gran audiencia puede ser una prioridad por varias razones diferentes. Una de las razones obvias para intentar generar un mayor tráfico a un blog es generar ganancias. Los bloggers que confían en el alto tráfico del blog para sus ingresos obviamente están interesados en aumentar el tráfico. Sin embargo, los bloggers que crean su blog para promover una causa también pueden estar interesados en aumentar el tráfico

86

simplemente para permitir que su mensaje llegue a un público más amplio. Independientemente de la razón para querer aumentar el tráfico, una de las mejores formas de hacerlo es mediante la optimización del blog para los motores de búsqueda. Este artículo discutirá la importancia de las clasificaciones de los motores de búsqueda y ofrecerá consejos para optimizar un blog.

Por qué son importantes las clasificaciones de los motores de búsqueda

La importancia de las altas clasificaciones de los motores de búsqueda es que pueden contribuir a aumentar el tráfico de Internet al blog. Esto se debe a que los usuarios de Internet que usan motores de búsqueda para encontrar información sobre un tema en

particular tienen muchas más probabilidades de visitar sitios web que aparecen en la primera página de los resultados de búsqueda que visitar sitios web que aparecen en páginas posteriores de los resultados de búsqueda. Es probable que los sitios web que aparecen en la primera página de los resultados obtengan la mayor cantidad de tráfico. Sin embargo, no es probable que los usuarios de Internet busquen más de una o dos páginas de los resultados de búsqueda cuando buscan más información sobre un tema en particular.

Las altas clasificaciones de los motores de búsqueda esencialmente actúan como publicidad gratuita para un blog o sitio web. Esto se debe a que muchos usuarios del sitio web confían en los motores de búsqueda populares para ayudarlos a encontrar información útil en Internet. Los motores de

búsqueda aplican algoritmos complejos para evaluar sitios web y clasificarlos según los términos de búsqueda específicos. Como resultado, los usuarios de Internet valoran mucho los resultados de búsqueda producidos y confían en estos resultados para llevarlos a los mejores sitios web disponibles relevantes para las palabras clave que especificaron en la búsqueda.

Consejos para optimizar un blog para motores de búsqueda

Una de las formas más comunes de optimizar un blog o sitio web para motores de búsqueda es mediante el uso de palabras clave relevantes. Específicamente, la práctica de aplicar densidades de palabras clave específicas al contenido del blog es una táctica común de optimización de motores de

búsqueda empleada. Los propietarios de blogs y otras personas que intentan optimizar sus sitios web no siempre están de acuerdo con la densidad óptima para las palabras clave, pero muchos creen que es apropiado un porcentaje de aproximadamente 2% -3%.

Otro método para optimizar la optimización de un motor de búsqueda es colocar palabras clave relevantes en el código del sitio web. Esto incluye las etiquetas de título y las etiquetas META. Esto es importante porque los motores de búsqueda a menudo consideran la importancia de las palabras clave al evaluar un sitio web. Esto se refiere a la ubicación en la que aparecen las palabras clave por primera vez. Colocar palabras clave al principio del contenido del sitio web es útil, pero es importante tener en cuenta que los motores de búsqueda ven el código primero para que los motores de búsqueda

rastreen primero las palabras clave que aparecen antes del cuerpo del blog.

Los propietarios de blogs también pueden ayudar a aumentar su ranking en los motores de búsqueda generando vínculos de retroceso a su blog. Esto se puede lograr de varias maneras diferentes. Una forma de hacerlo es encontrar otros sitios web dispuestos a colocar un enlace al blog en su sitio web. Esto es beneficioso porque muchos motores de búsqueda tienen en cuenta el número de enlaces a un sitio web en su algoritmo de clasificación porque estos enlaces se consideran un sitio web que garantiza la validez de otro sitio web. Algunos propietarios de sitios web pueden estar dispuestos a hacer esto a cambio de un enlace a su sitio web en su blog. Esto se conoce como enlace recíproco y algunos motores de búsqueda pueden no valorar este

enlace tanto como un enlace que no es recíproco. También hay algunos programas de intercambio de enlaces, pero estos enlaces pueden no ser beneficiosos porque muchos motores de búsqueda consideran el rango del sitio web que enlaza con su blog. Por lo tanto, si el sitio web que enlaza con su blog no se clasifica bien, el enlace de retroceso no mejorará significativamente la clasificación de los motores de búsqueda.

¿Bloguear para todos?

Bloguear es un fenómeno relativamente nuevo. Básicamente implica la creación de un diario en línea que se muestra en orden cronológico inverso. El blogger que mantiene el blog puede optar por publicar nuevas entradas de blog con la frecuencia que desee. Esto puede implicar publicar nuevas entradas más de una vez al día, diariamente, semanalmente, mensualmente o incluso en un intervalo menos frecuente. Las publicaciones en un blog suelen estar relacionadas de alguna manera, pero pueden referirse a cualquier tema que desee el blogger. Los bloggers pueden mantener un blog por varias razones diferentes y estos blogs pueden ser de naturaleza privada o pública. Este artículo describirá la diferencia

entre un blog público y privado y también explicará los blogs de forma profesional y los blogs por razones personales.

Blogs privados versus públicos

Los blogs también pueden ser privados o públicos. Los blogs privados son aquellos en los que solo el blogger y otros que han sido aprobados por el blogger pueden ver las publicaciones del blog. Los blogs públicos están disponibles para cualquier usuario de Internet. Un blogger puede optar por hacer un blog privado o público, dependiendo de si se siente cómodo o no con que otros lean el blog. Por ejemplo, un blogger que crea un blog con el propósito de desahogarse de las frustraciones en la vida puede optar por mantener un blog privado para que sus amigos o familiares no puedan leer estos respiraderos. Por el contrario, un blogger que está blogueando para un propósito como promover una causa probablemente optará por hacer público el blog para que su mensaje llegue a la mayor cantidad de usuarios de Internet posible. Sin embargo, los bloggers que crean un blog para expresarse a través de su escritura, poesía u otra forma de expresión pueden optar por hacer que el blog sea privado o público, dependiendo de si quieren hacer que estos sentimientos personales estén disponibles para otros. Algunos bloggers en esta situación harán público el blog porque quieren llegar a otros que pueden compartir sus sentimientos o beneficiarse al leer sus blogs. Puede haber otros bloggers en esta situación que harán que el blog sea privado porque no quieren que otros vean estas formas personales d

e expresión.

Blogueando profesionalmente

Bloguear en realidad se puede hacer como una fuente de ingresos para algunos bloggers. Hay varias compañías que mantienen una red de bloggers y paganos a los bloggers para mantener un blog en la red. Estos bloggers pueden ser compensados por publicación, de acuerdo con la cantidad de visitas a la página que recibe el blog o mediante una combinación de la cantidad de publicaciones y la cantidad de visitas a la página. Una carrera como blogger requiere mucha dedicación. El blogger debe estar dispuesto y ser capaz de actualizar el blog regularmente y mantener el blog interesante para los lectores.

Blogging por razones personales

Blogging también se puede hacer por razones personales. Algunos bloggers usan su blog para mantenerse en contacto con familiares y amigos, mientras que otros lo usan para expresar o compartir información con otros. Los blogs creados por razones personales pueden ser muy divertidos, pero el blogger debe evitar que el proceso de mantenimiento del blog se convierta en una situación estresante. Un blog que se mantiene por razones personales debe ser una experiencia agradable para el blogger.

Aprendiendo sobre Blogging

Hay varias razones diferentes para que un blogger inicie y mantenga un blog. Algunas de estas razones incluyen generar ingresos, promover una causa, proporcionar información útil y mantenerse en contacto con familiares y amigos. Aunque estas razones para comenzar un blog pueden ser bastante diferentes, todos los bloggers deberían dedicar algún tiempo a aprender sobre los blogs antes de embarcarse en una experiencia de blogging. Esto ayudará a garantizar que el blog logre el propósito previsto y también ayudará a evitar que el blogger cometa errores que pueden ser perjudiciales para un blog. Este artículo

discutirá los métodos para aprender sobre los blogs, incluido el estudio de blogs exitosos y el uso de Internet para investigar el tema de los blogs. Este artículo también explicará brevemente la importancia de promocionar un blog.

Estudiar blogs exitosos

Una de las formas más simples para que los futuros bloggers y nuevos bloggers aprendan sobre los blogs es estudiando blogs exitosos. Aquellos que recientemente comenzaron un blog o están considerando comenzar un blog pueden aprender mucho simplemente leyendo y estudiando blogs exitosos. Los bloggers pueden optar por estudiar blogs que se centren en un tema similar, pero esto no es necesario. Los bloggers pueden aprender mucho sobre cómo mantener un blog exitoso

al estudiar blogs relacionados con cualquier tema. Esto se debe a que factores como el estilo de escritura, el diseño del blog, el tipo de letra y los colores pueden contribuir al éxito del blog.

Al estudiar otros blogs, el blogger debe prestar especial interés a los aspectos del blog que atraen su atención. Esto es importante porque estos aspectos también pueden atraer a otros visitantes del blog y contribuir al éxito del blog. Modelar un blog con estos aspectos en mente puede contribuir en gran medida al éxito de un blog.

Uso de Internet para investigar Consejos para blogs

Internet puede ser un excelente recurso para

aprender sobre el tema de los blogs. Hay una variedad de diferentes objetos relacionados con este tema. Estos artículos pueden contener consejos para iniciar, mantener y optimizar un blog. También pueden contener consejos para generar tráfico a un blog y mantener a los visitantes interesados en el blog. Se recomienda a los bloggers que estudien cuidadosamente la información disponible en línea y que siempre consideren la fuente de la información. Considerar la fuente de la información es importante porque puede ayudar a asegurar que la información obtenida de Internet sea confiable. Sin embargo, esto puede ser difícil porque no siempre es posible determinar la fuente de información disponible en Internet.

Otra opción para verificar la validez de la información disponible en línea es usar otras fuentes para confirmar la información. Esto

significa que un blogger puede encontrar un artículo que proporciona varios consejos para operar un blog exitoso pero aún busca en línea información que corrobore la información disponible en el artículo original. Esto puede sonar redundante, pero puede ayudar a evitar que el blogger acepte información falsa como correcta.

La importancia de promover un blog

Finalmente, los bloggers deben comprender la importancia de promocionar un blog y deben investigar métodos para promocionar su propio blog. Promover un blog es muy importante porque es a través de este tipo de promoción que un blog gana tráfico. Ganar tráfico es imprescindible para el éxito de un blog en la mayoría de los casos. Las pocas excepciones incluyen los blogs que se

mantienen únicamente para uso personal de los bloggers, así como los blogs que se mantienen con el propósito de mantener a los amigos y familiares actualizados sobre los eventos en la vida de los bloggers. Todos los demás blogs pueden beneficiarse del aumento del tráfico del blog.

Los bloggers pueden aprender sobre cómo promocionar con éxito un blog considerando cómo aprendieron sobre los blogs que leen con frecuencia. Esto es significativo porque los usuarios de Internet que leen blogs probablemente tienen métodos similares para encontrar estos blogs. Por ejemplo, un lector de blog que aprendió sobre un blog interesante a través de la participación en un tablero de mensajes relevante probablemente considerará permanecer activo en tableros de mensajes que son relevantes para su propio blog como un método para promocionar su

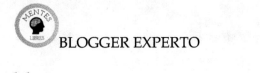

blog.

Mantener un blog exitoso

Crear un blog es relativamente simple. Sin embargo, mantener un blog exitoso es un proceso mucho más difícil. Esto se debe a que hay muchos factores diferentes que pueden contribuir al éxito de un blog. Algunos de estos factores incluyen el tema del blog, la popularidad del blog e incluso el diseño estético del blog. Además, la capacidad de promover adecuadamente el blog y llegar a una gran audiencia de usuarios de Internet interesados también tendrá un profundo impacto en el éxito de un blog. Aunque no existe una fórmula simple para crear y mantener un blog exitoso, existen algunos consejos básicos que pueden ayudar a asegurar que un blogger disfrute del éxito con su blog. Este artículo describirá algunos

de estos consejos básicos, como publicar nuevas entradas regularmente, escribir para un público específico y evaluar adecuadamente los cambios realizados en el blog.

Publicar nuevas entradas de blog regularmente

No se puede subestimar la importancia de publicar nuevas entradas de blog regularmente. Esto es muy importante porque las publicaciones periódicas ofrecen a los visitantes dedicados del blog un incentivo para seguir regresando al blog. Los lectores pueden visitar un blog originalmente por casualidad, pero se comprometen a volver al blog regularmente en función del contenido que se proporciona regularmente. Si el blogger permite que el blog se estanque, los

lectores no tienen motivación para seguir volviendo al blog. Sin embargo, si hay nuevas publicaciones de forma regular, es probable que los visitantes regresen al blog a menudo en previsión de nuevas publicaciones.

La duración y la profundidad de una publicación de blog pueden variar considerablemente según el tema del blog y las expectativas del público objetivo. Sin embargo, en muchos casos, incluso una entrada de blog relativamente corta que ofrece solo una pequeña cantidad de información puede ser suficiente para mantener a los lectores interesados. Esto puede ser útil cuando el blogger no puede proporcionar publicaciones en profundidad, pero a la larga, los lectores de blogs buscan un cierto grado de sustento y probablemente esperan que el blog se actualice con nuevas

publicaciones regularmente. Además, llegarán a esperar una cierta voz y calidad en las publicaciones del blog, por lo que los bloggers que alistan el uso de bloggers invitados deben evaluar cuidadosamente a los bloggers invitados para asegurarse de que sean capaces de publicar blogs que la audiencia apreciará.

Comprender la audiencia del blog

Los bloggers exitosos también deben ser expertos en entender a la audiencia del blog. Los blogs más exitosos se centran en un nicho bastante exclusivo que atrae a un conjunto único de visitantes. Al mantener la información publicada en el blog relacionada con este nicho, el blogger ayuda a garantizar que la audiencia siga interesada en el blog. Sin embargo, el tema no es el único aspecto

importante relacionado con la comprensión del público objetivo.

Los bloggers también deben conocer bien el tipo de información que buscan los lectores del blog y la forma en que prefieren que se les proporcione la información. Esto es importante porque algunos lectores de blogs pueden disfrutar de piezas largas, mientras que otros prefieren publicaciones breves y al grano. Aún otros visitantes del blog pueden preferir que las publicaciones se proporcionen como puntos con viñetas de una manera fácil de leer. Proporcionar la información de manera que los visitantes puedan procesar la información fácilmente es tan importante como proporcionar información de calidad.

Evaluación de cambios en el blog

Finalmente, todos los bloggers exitosos saben cómo hacer cambios al blog cuidadosamente y evaluar los efectos que estos cambios tienen en el tráfico del blog. Esto es crítico porque un blog que ya es exitoso puede estar condenado al fracaso si el blogger hace una oportunidad que no es apreciada por los visitantes dedicados y no aborda las preocupaciones de los lectores. Para evitar este problema potencial, los bloggers deben tener cuidado de hacer solo un cambio a la vez y permitir suficiente tiempo para evaluar el efecto que el cambio tiene en el tráfico del sitio web, así como los comentarios de los lectores antes de decidir si revertir el cambio o hacer cambios adicionales .

Del mismo modo, un blog que busca

aumentar el tráfico del sitio web puede tener problemas si realiza demasiados cambios y no evalúa cómo estos cambios están afectando el tráfico del blog. Una mejor estrategia sería hacer pequeños cambios uno a la vez y evaluar el efecto del cambio cuidadosamente antes de hacer más cambios. Esto ayudará a guiar al blogger para producir un blog exitoso.

Administrar múltiples blogs

Si bien algunos bloggers pueden centrarse exclusivamente en un solo blog a la vez, hay muchos bloggers que logran mantener varios blogs diferentes al mismo tiempo. Sin embargo, no todos los bloggers hacen esto con éxito. Algunos bloggers comprometen la calidad del contenido y la cantidad de contenido al tratar de mantener demasiados blogs, mientras que otros bloggers tienen la capacidad de mantener varios blogs actualizados e interesantes para los visitantes. Hay algunos elementos clave para mantener múltiples blogs exitosos. Este artículo discutirá algunos de estos elementos, incluyendo mantener el contenido original,

mantener los blogs actualizados y presupuestar el tiempo para trabajar en cada blog.

Mantener el contenido original

Los bloggers que mantienen múltiples blogs deben tener cuidado de mantener el contenido de cada blog original. Incluso si el blogger mantiene varios blogs relacionados, es importante asegurarse de que cada uno de estos blogs tenga publicaciones de blog originales. Esto ayudará a evitar que los visitantes del blog sientan que la información que reciben no es original. También ayudará a evitar que los lectores que visitan con frecuencia uno o más de los blogs de bloggers decidan comenzar a visitar solo uno de los blogs porque consideran que las publicaciones son redundantes.

También se aconseja a los bloggers que no roben publicaciones de otros blogs similares. Esto no solo es ilegal, sino que tampoco es probable que ayude mucho al blogger porque es probable que los lectores dedicados del blog original se den cuenta de que el nuevo blog simplemente está robando contenido de un blog más exitoso.

Mantener cada blog actualizado

También se aconseja a los bloggers que mantienen varios blogs que se aseguren de que cada blog se mantenga actualizado. Esto significa que deben tener cuidado de publicar en cada blog regularmente. Hacer esto ayudará a evitar problemas derivados de que los visitantes del blog sientan que los blogs

están estancados. Incluso los blogs más interesantes e informativos pueden perder tráfico rápidamente si los visitantes del blog no ven contenido nuevo de forma regular. Internet está en continua evolución y actualización. Como resultado, los usuarios de Internet pueden permitirse el lujo de ser quisquillosos y no es probable que sigan dedicados a un blog que no publica información nueva regularmente porque es probable que puedan encontrar otros blogs disponibles que brindan actualizaciones con mayor frecuencia.

Encontrar tiempo para trabajar en cada blog

Los bloggers que mantienen varios blogs también tienen la tarea del dilema de encontrar tiempo para trabajar en cada blog. Sin embargo, esto es muy importante porque

los bloggers no pueden darse el lujo de descuidar uno o más de sus blogs. Hacer esto puede resultar en una marcada disminución en el tráfico del blog. Por lo tanto, los bloggers que desean mantener varios blogs deben presupuestar su tiempo cuidadosamente para asegurarse de que dedican suficiente tiempo a cada blog. Este ejercicio de gestión del tiempo puede comenzar evaluando las necesidades de cada blog. Algunos blogs pueden requerir una gran cantidad de tiempo y esfuerzo cada semana para mantener el blog funcionando correctamente, mientras que otros blogs pueden requerir solo una pequeña cantidad de tiempo para el mismo propósito. En general, los blogs que requieren una gran cantidad de investigación requerirán más tiempo y energía del blogger que los blogs que se basan en las opiniones y sentimientos de los bloggers y, por lo tanto, no requieren tanta investigación. Una vez que el blogger

ha determinado cuánto tiempo se necesitará para mantener cada blog, puede programar su tiempo en consecuencia. Sin embargo, debe planear evaluar qué tan bien está funcionando cada blog y puede que tenga que hacer ajustes al cronograma según sea necesario. Además, es posible que deba tomar la decisión de eliminar un blog o solicitar asistencia para mantener los blogs actualizados si es necesario.

Supervisar el blog de su hijo

Los blogs se están volviendo cada vez más populares y esta popularidad no es solo entre los adultos. Los niños pequeños también se están interesando en los blogs. Con la llegada de los sitios web de redes sociales como MySpace, los blogs están creciendo a pasos agigantados. Los usuarios de Internet ahora tienen una variedad de opciones disponibles para publicar y mantener un blog. Además, la creciente popularidad de los blogs actualmente disponibles promueve el interés en bloguear con otros usuarios de Internet. Los niños son bombardeados diariamente con una variedad de blogs disponibles en línea y están comprensiblemente interesados

en crear blogs propios. En la mayoría de los casos, los niños crean blogs por razones sociales, pero hay algunos niños inteligentes que se dan cuenta del potencial de ganancias de los blogs. Si bien hay una gran cantidad de beneficios que los niños pueden obtener de los blogs, también hay algunos riesgos involucrados. Por lo tanto, los padres deben monitorear cuidadosamente el blog de sus hijos, así como todo su uso de Internet. Este artículo discutirá el tema de monitorear el blog de un niño con mayor detalle.

Discuta las expectativas del blog con los niños

El primer paso que los padres deben tomar cuando un niño está interesado en crear un blog es discutir a fondo las expectativas con el niño. El niño y los padres deben tener una

discusión abierta y honesta sobre el uso responsable de Internet. Esto es importante porque estas conversaciones pueden sentar las bases de cómo se comportará el niño en línea. Existen ciertos peligros en Internet, pero los padres que entienden estos peligros y se comunican con sus hijos para compartir este potencial de peligro, así como información sobre cómo mantenerse seguros mientras están en línea, es probable que tengan niños que permanecen seguros mientras están en línea.

Cuando un niño está considerando comenzar un blog, el padre debe participar en el proceso desde el principio. El padre no solo debe ser consciente de la intención del niño de comenzar a bloguear, sino que también debe ser consciente de la razón del niño para querer bloguear e intenciones para el blog. Esto es importante porque puede ayudar a

120

los padres a establecer pautas apropiadas para el blog. Por ejemplo, un niño puede estar interesado en las redes sociales a través de un blog, pero debe comprender que existe la posibilidad de peligro con este tipo de blog. Los padres deben limitar el contenido del blog y deben aconsejar a los niños que eviten revelar información personal como su nombre completo, dirección y número de teléfono en el blog. También se debe evitar otra información que pueda usarse para identificar y localizar al niño.

Revisar periódicamente el blog de su hijo

Además de discutir los blogs con el niño y establecer reglas básicas para el contenido del blog, los padres también deben visitar regularmente el blog para asegurarse de que se sigan las reglas establecidas. Los padres

deben revisar los blogs de sus hijos de manera regular, pero no deben informarles cuándo tendrán lugar estas revisiones. Esto ayudará a evitar que los niños alteren el blog para eliminar material cuestionable durante la revisión y reemplazar este material una vez que se complete la revisión. Esto es importante porque sería bastante simple para el niño hacer cambios rápidamente simplemente guardando archivos y reemplazándolos con publicaciones de blog apropiadas durante las revisiones programadas.

Monitorear los blogs que su hijo frecuenta

Los padres también deben considerar monitorear regularmente los blogs que sus hijos frecuentan. Esto es importante porque la información que los niños ven en línea puede ser perjudicial para los niños. También es importante porque la mayoría de los blogs brindan la oportunidad a los visitantes de comunicarse con el blogger. En la mayoría de los casos, esta comunicación es en forma de comentarios que quedan para el blogger y el blogger puede optar por responder a estos comentarios. En algunos casos, el visitante puede incluso tener la oportunidad de proporcionar información de contacto personal al blogger. Los padres que permanecen al tanto de los blogs que visitan sus hijos pueden revisar estos blogs cuidadosamente para asegurarse de que sus hijos no se comporten de manera inapropiada en línea y no se arriesguen accidentalmente con las acciones que toman.

Optimizando su blog para motores de búsqueda

Los bloggers que estén interesados en generar mucho tráfico a su blog y mantener un blog exitoso deben prestar especial atención a las técnicas de optimización de motores de búsqueda que pueden ayudar a mejorar la clasificación de motores de búsqueda de sus blogs. Todos los motores de búsqueda emplean algún tipo de algoritmo de clasificación que se utiliza para determinar el orden en que se devuelven los sitios web cuando un usuario de Internet busca información sobre un tema en particular. Sin embargo, no todos los motores de búsqueda usan el mismo algoritmo para este propósito. Como resultado, no existe una

solución simple para optimizar un blog para altas clasificaciones en todos los motores de búsqueda. Sin embargo, hay algunos consejos que pueden ser útiles con la mayoría de los motores de búsqueda. Estos consejos incluyen el uso de palabras clave relevantes, la generación de enlaces a sus blogs y el uso de etiquetas de imagen de una manera beneficiosa.

La importancia de las palabras clave

El uso de palabras clave relevantes en publicaciones de blog es una de las formas más comunes y también una de las formas más simples de optimizar las clasificaciones de los motores de búsqueda. Sin embargo, no todos los bloggers están de acuerdo en las mejores formas de usar palabras clave relevantes para optimizar las clasificaciones

de los motores de búsqueda. Algunos blogueros creen que las palabras clave deben usarse a menudo para crear altas densidades de palabras clave, mientras que otros creen que usar las palabras clave en densidades más bajas de 1% -3% y prestar atención a la colocación de las palabras clave es la estrategia más valiosa. Otros blogueros argumentan que el simple uso de palabras clave relevantes, ya que vienen naturalmente en el flujo de las publicaciones del blog, es suficiente para garantizar que los motores de búsqueda entiendan el contenido del blog.

Independientemente de la estrategia de palabras clave, un blogger opta por emplear a todos los bloggers puede beneficiarse al investigar palabras clave relevantes. Es posible que tengan un blog que se refiera a un tema general, como la jardinería, pero que no conozcan los términos de búsqueda que

suelen usar los usuarios de Internet al investigar este tema. Afortunadamente, hay muchos programas disponibles que generan palabras clave relacionadas para un momento en particular, lo que proporciona al blogger otras palabras clave que deberían considerar incorporar al blog. Para el ejemplo de un blog relacionado con la jardinería, el blogger puede utilizar palabras clave adicionales como jardinería en contenedores o jardinería doméstica para atraer más interés de los usuarios de los motores de búsqueda.

Generando Enlaces Atrás Favorables

Los vínculos de retroceso también son otro factor común utilizado en los algoritmos de clasificación de motores de búsqueda. Muchos motores de búsqueda consideran la cantidad de enlaces que apuntan a un sitio

web, así como la calidad de los sitios web que proporcionan estos enlaces. Esto significa que las clasificaciones de los motores de búsqueda del sitio web que apuntan a su blog podrían influir en la cantidad de peso que el vínculo de retroceso contribuye a sus propias clasificaciones. Esto se debe a que algunos motores de búsqueda consideran que los sitios web de mayor clasificación son más valiosos que otros sitios web que no se clasifican bien y, por lo tanto, recompensan favorablemente a los sitios web que reciben enlaces de estos sitios web de alta clasificación.

Algunos algoritmos de motores de búsqueda también consideran si los enlaces de retroceso son recíprocos o no recíprocos. En estos casos, los enlaces no recíprocos generalmente se consideran más valiosos que los enlaces recíprocos. Además, los enlaces de retroceso que provienen de intercambios de enlaces o granjas de enlaces generalmente no se consideran muy influyentes en las clasificaciones de los motores de búsqueda.

Cómo las imágenes pueden mejorar la clasificación de los motores de búsqueda

Los bloggers también deben ser conscientes de que cualquier imagen utilizada en su blog puede usarse para mejorar la clasificación de los motores de búsqueda con algunos motores de búsqueda. Este aspecto de la optimización de motores de búsqueda a menudo se pasa por alto porque muchos bloggers creen que las imágenes no son vistas por los motores de búsqueda. Si bien esto es cierto, los motores de búsqueda rastrean el código del blog además del contenido del blog. Esto significa que el motor de búsqueda verá la información proporcionada en las

etiquetas de imagen. Los bloggers pueden aprovechar esto mediante el uso de etiquetas de imagen para proporcionar palabras clave relevantes que pueden impulsar las clasificaciones de los motores de búsqueda. Sin embargo, se debe tener cuidado para garantizar que las palabras clave utilizadas en estas etiquetas también describan con precisión la imagen porque los visitantes del blog a menudo verán el texto incluido en estas etiquetas cuando se desplazan sobre una imagen en el blog.

Hacer un pedido cuando compras en línea

Los compradores en línea tienen una variedad de opciones disponibles para hacer un pedido. Las compras en línea ya son bastante convenientes por varias razones, incluidas la conveniencia y la capacidad de comprar artículos de minoristas de todo el mundo. La capacidad de realizar pedidos en una variedad de formas diferentes hace que las compras en línea sean más deseables para algunos consumidores. Este artículo analizará algunas de las opciones disponibles para realizar un pedido al realizar compras en línea, incluido el uso del sitio web para realizar el pedido, llamar al servicio al cliente para realizar el pedido y enviar por fax o por

correo.

Realizar pedidos a través del sitio web

Una de las opciones más populares para hacer pedidos cuando compras en línea es hacer los pedidos directamente a través del sitio web del minorista en línea. En la mayoría de los casos, los minoristas en línea ofrecen la posibilidad de agregar artículos a un carrito de compras virtual mientras navegan por los artículos disponibles que se ofrecen a la venta. Después de que el consumidor haya terminado de comprar, puede revisar el contenido de su carrito de compras y agregar, restar o modificar el contenido del carrito de compras según sea necesario antes de continuar con el proceso de pago de la experiencia de compra en línea. Durante el proceso de pago, el consumidor

proporciona información como la información de la tarjeta de crédito y la dirección de facturación, así como la dirección a la que le gustaría enviar los artículos. El comprador en línea puede elegir que el artículo se envíe a sí mismo a otros. Si bien las compras en línea generalmente se consideran seguras, los consumidores deben verificar que el sitio web se realice a través de un servidor seguro que protegerá la información confidencial. Una forma de hacerlo es mirar la dirección del sitio web. Los sitios web seguros comienzan con https: // mientras que los sitios web que no son seguros comienzan con http: //.

Llamando al Servicio al Cliente para hacer un pedido

Los compradores en línea pueden buscar

artículos en línea, pero pueden decidir comprarlos llamando a un representante de servicio al cliente en lugar de hacer el pedido en línea. Los clientes pueden elegir esta opción por varias razones diferentes. Es posible que algunos minoristas en línea no tengan una opción para completar la compra en línea o que estas características no funcionen correctamente y en estos casos el comprador probablemente hará el pedido por teléfono. Sin embargo, hay situaciones en las que un consumidor puede optar por llamar al servicio al cliente para hacer el pedido, incluso cuando sea posible hacerlo en línea. Esto puede incluir situaciones en las que el pedido es particularmente complejo o situaciones en las que el consumidor tiene preguntas que le gustaría responder antes de realizar un pedido. Los compradores en línea que realizan una compra de esta manera deben tener toda la información necesaria disponible antes de contactar al servicio al

cliente. Esta información incluye el número de producto, la información de facturación y la información de envío.

Envíos por fax o por correo

Los compradores en línea también pueden hacer pedidos por fax o por correo al minorista en línea. El consumidor puede buscar artículos en línea e incluso imprimir el formulario de pedido desde el sitio web del minorista en línea. Aunque este no es el método más común de compra en línea, hay algunos consumidores que todavía usan este método. Uno de los ejemplos para usar este método es la capacidad de pagar un pedido con un cheque en lugar de una tarjeta de crédito. Es probable que se requiera una tarjeta de crédito para los pedidos realizados en línea o con un representante de servicio al

cliente. Los clientes que envían un formulario de pedido por fax o correo pueden tener la opción de usar una tarjeta de crédito para pagar el pedido, pero también pueden tener la opción de usar un cheque. Esto es ideal para compradores en línea que no tienen una tarjeta de crédito o no quieren cargar artículos a una tarjeta de crédito. Aunque hay algunas ventajas en este método de hacer un pedido de un minorista en línea, existe una desventaja importante para este método. Esta desventaja es que la orden puede tardar más en procesarse de lo que lo haría con otros métodos. Cuando un cliente hace un pedido a través de un sitio web o por teléfono, el pedido generalmente se procesa instantáneamente. Sin embargo, cuando el consumidor envía el formulario de pedido, puede tardar unos días en llegar y luego puede requerir un tiempo adicional para el procesamiento. Incluso los pedidos que se envían por fax pueden no procesarse

inmediatamente a pesar de llegar rápidamente.

Productos para facilitar los blogs

Hay una variedad de productos que pueden simplificar el proceso de blogging. Aunque bloguear no es un proceso difícil, puede haber algunos aspectos de blogging que son abrumadores para los nuevos bloggers o bloggers que no tienen mucha experiencia en Internet. Estos productos pueden ser muy beneficiosos para el blogger al simplificar el proceso de diseño o ayudar a que el blog sea más atractivo para los lectores del blog. Este artículo analizará algunos de los productos actualmente disponibles para facilitar la creación de blogs, incluidos los programas de software de blogs, el software de diseño de sitios web y los generadores de palabras

clave.

Programas de software de blogs

Los programas de software para blogs son algunos de los programas más obvios que facilitan los blogs. Estos programas están fácilmente disponibles y muchos de ellos son de uso gratuito. Los programas de software de blogs pueden simplificar enormemente el proceso de publicación de un blog, especialmente si el blogger emplea las plantillas incluidas en estos programas. En algunos casos, el acto de publicar un blog una vez que el blog se ha configurado puede ser tan simple como escribir el texto del blog en un editor de texto y presionar un botón para publicar el blog. Sin embargo, se requerirá algo de trabajo por adelantado del blogger para configurar el diseño del blog.

Incluso el proceso de diseño se simplifica enormemente con estos programas, especialmente si el blogger opta por usar las plantillas en el programa. Es posible que el blogger solo tenga que desplazarse por una lista de opciones y seleccionar las que le parezcan más atractivas. En función de estas selecciones, el software generará el blog con el diseño, los colores, las fuentes e incluso las opciones publicitarias adecuadas. Los bloggers más ambiciosos pueden optar por utilizar sus habilidades de programación para personalizar estas plantillas, pero esto no es necesario y el blog funcionará suficientemente sin ninguna personalización adicional.

Software de diseño de sitios web

El software de diseño de sitios web también

puede ser una herramienta útil para los nuevos bloggers que desean crear un blog que sea estéticamente atractivo y funcional. Estos programas de software hacen posible que los bloggers que no tienen experiencia en diseño creen un blog con una apariencia única. Al usar este tipo de software, el blogger puede desplazarse por las opciones, realizar cambios sobre la marcha, pre visualizar cambios e incluso subir fotos para usar en el blog. A medida que se realizan estos cambios en el programa de diseño de software, el código para estas opciones de diseño se genera, actualiza y almacena automáticamente según sea necesario.

Generadores de palabras clave

Los bloggers que intentan atraer una gran cantidad de tráfico web a un sitio web

también deben considerar el uso del generador de palabras clave para ayudarlos a determinar qué palabras clave deberían usar en su blog. El blogger puede querer que el blog sea interesante e informativo como una prioridad, pero el uso juicioso de palabras clave en todo el blog y en el código del blog puede contribuir a una clasificación más alta en los motores de búsqueda para el blog. Esto es importante porque las altas clasificaciones de los motores de búsqueda a menudo se traducen en un alto tráfico de blogs. Esto se debe a que los usuarios de Internet dependen en gran medida de los motores de búsqueda para ayudarlos a encontrar los mejores sitios web que pertenecen a ciertas palabras clave que se utilizan durante las búsquedas. Estas altas clasificaciones de los motores de búsqueda esencialmente actúan como publicidad gratuita para el propietario del blog porque los usuarios de Internet esperan que los sitios web de mayor clasificación sean

los sitios web más informativos, por lo que es probable que visiten blogs que se clasifican bien con los motores de búsqueda en lugar de los blogs que están enterrados más adelante páginas de resultados de búsqueda.

Promocionando tu blog

Bloguear puede ser muy divertido para algunos bloggers, pero para otros es una fuente de ingresos. Ya sea que estos ingresos se obtengan a través de una campaña de AdSense, anuncios pagados, marketing de afiliación o algún otro tipo de fuente de generación de ingresos, uno de los elementos clave para maximizar este beneficio es conducir un mayor tráfico al blog. Esto se debe a que mientras más visitantes recibe el blog, más oportunidades hay para que el blogger haga que los visitantes hagan clic en los anuncios del blog. Existen algunas técnicas básicas en las que los bloggers pueden confiar para promocionar su blog y aumentar el tráfico a su blog. Este artículo cubrirá algunos de estos conceptos clave,

incluida la participación en tableros de mensajes relevantes, la optimización del blog para motores de búsqueda y mantener el blog interesante para los visitantes.

Participación activa en tableros de mensajes

La participación en tableros de mensajes que se relacionan con el tema del blog es en realidad una forma muy simple para que los propietarios de blogs dirijan el tráfico a su blog. Sin embargo, una advertencia para usar este tipo de promoción para el blog es evitar violar las reglas del tablero de mensajes. Esto es importante porque algunos tableros de mensajes tienen regulaciones estrictas con respecto a la inclusión de enlaces a otros sitios web en el tablero de mensajes. El incumplimiento de estas pautas puede resultar en que el blogger sea expulsado del

tablero de mensajes y también puede causar que otros usuarios del tablero de mensajes no piensen muy bien en el propietario del blog.

Otra consideración cuidadosa para el propietario del blog es evitar publicar la dirección web en su blog de una manera que sea considerada spam por otros usuarios del tablero de mensajes. Esto es importante porque es probable que otros usuarios del tablero de mensajes no visiten el blog si creen que el propietario del blog simplemente está enviando spam al tablero de mensajes. Esto puede evitarse incluyendo el enlace al blog en la firma y asegurando que las publicaciones realizadas en el tablero de mensajes sean informativas y de interés para los demás usuarios del tablero de mensajes. Construir una reputación como un contribuidor útil para el tablero de mensajes será beneficioso para atraer a otros usuarios

del tablero de mensajes a visitar el blog.

Optimizando tu blog

La optimización de motores de búsqueda es otro factor que los propietarios de blogs también deben considerar cuidadosamente. La optimización del blog para los motores de búsqueda puede ser beneficiosa porque las clasificaciones mejoradas de los motores de búsqueda a menudo conducen a un mayor tráfico del blog. Dependiendo de la cantidad de competencia en el tema del blog, subir a la cima de las clasificaciones de los motores de búsqueda no siempre es fácil. Los propietarios de blogs que tienen un blog con un tema muy popular pueden enfrentar una fuerte competencia por las clasificaciones de los motores de búsqueda de otros blogs y sitios web que pueden tener los medios para

contratar profesionales en la industria de optimización de motores de búsqueda para ayudarlos a alcanzar altas clasificaciones. Sin embargo, hay algunos pasos que el blogger puede tomar para intentar aumentar la clasificación. Algunos de estos pasos incluyen la investigación y el uso de palabras clave relevantes de forma natural a lo largo de las publicaciones del blog, incorporando estas palabras clave en el título, META y etiquetas de imagen y evitando técnicas de optimización de sombrero negro que podrían resultar en que el blog sea penalizado por los motores de búsqueda.

Mantener tu blog interesante

Finalmente, una de las formas más simples en que un propietario de un blog puede ayudar a atraer tráfico a su blog es actualizando regularmente el blog y manteniéndolo interesante. Esto es importante porque un blog que es interesante es mucho más probable que no solo mantenga el tráfico del blog sino que también genere tráfico nuevo. Esto se debe a que es probable que los lectores interesados en las publicaciones en el blog no solo sigan volviendo al blog, sino que también lo recomienden a otros miembros del público objetivo. Este tipo de publicidad de boca en boca puede ser muy beneficioso porque aquellos que tienen interés en el contenido de un blog en particular también suelen tener amigos que también estarían interesados en el blog. Una vez que el propietario de un blog recomienda un blog a uno o más amigos, es probable que estos nuevos visitantes del blog también lo recomienden a otros si lo encuentran interesante, útil o de lo contrario vale la pena.

Consejos para mantener tu blog actualizado

Mantener un blog actualizado es uno de los aspectos más importantes de los blogs. Esto es muy importante porque los visitantes habituales del blog esperan nuevas publicaciones de forma regular. No todos los visitantes esperan ver una nueva publicación tan a menudo como una vez al día, pero la mayoría de los lectores del blog esperan que el contenido del blog se actualice regularmente. En la mayoría de los casos, los visitantes esperan nuevo contenido al menos semanalmente. Sin embargo, dependiendo del tema, los visitantes pueden esperar actualizaciones sobre una base que es más frecuente. Del mismo modo, los visitantes

pueden no estar interesados en recibir este tipo de información más de unas pocas veces al año. Los propietarios de blogs deben ser conscientes de la frecuencia con la que los lectores esperan nuevas publicaciones y deben hacer un esfuerzo para obligar a los lectores con actualizaciones tan a menudo. Este artículo discutirá los métodos para mantener un blog actualizado, incluida la programación de un horario regular para publicar blogs, el uso inteligente de herramientas de publicación y la contratación de bloggers invitados cuando sea necesario.

Encontrar tiempo para publicar diariamente

Una forma de ayudar a garantizar que un blog permanezca actualizado es programar un horario para publicar blogs diariamente. Esto es especialmente importante cuando los

lectores del blog esperan nuevas publicaciones diariamente o al menos varias veces por semana. Los bloggers que asignan un bloque de tiempo específico cada día para investigar, escribir y publicar blogs tienen más probabilidades de tener un blog actualizado que los bloggers que planean realizar tareas cuando encuentran tiempo para hacerlo. Todavía puede haber días en los que el blogger no puede publicar una nueva publicación en el blog, pero estos días serán menos frecuentes que si el blogger no tiene un bloque de tiempo estrictamente dedicado a mantener el blog actualizado.

En los días en que el blog no puede dedicar tiempo a los blogs, el blogger puede desear al menos publicar un breve mensaje explicando por qué no fue posible publicar una nueva entrada de blog. Esto le permitirá a los lectores saber que está consciente de su deseo

de leer más información, pero simplemente no puede publicar una nueva publicación de blog. Mientras esto no se convierta en algo habitual, no es probable que los visitantes del blog dejen de ver un blog simplemente porque el blogger omite uno o dos días.

Aprovechando las herramientas de publicación

Algunas herramientas de publicación de blogs permiten a los bloggers escribir publicaciones de blog con anticipación y especificar cuándo se debe publicar cada publicación. Esta es una excelente característica para los bloggers que desean publicar nuevas publicaciones diariamente pero no pueden dedicar tiempo cada día para escribir publicaciones en el blog. De esta manera, el blogger puede dedicar un bloque

de tiempo cada semana para escribir publicaciones en el blog y publicarlas durante toda la semana. Este es a menudo un método más fácil para muchos bloggers porque pueden ser más eficientes de esta manera.

Contratación de bloggers invitados

Los bloggers también pueden considerar contratar bloggers invitados para ayudarlos a mantener un blog actualizado. Este puede ser un método valioso para los bloggers que no solo tienen dificultades para mantener su blog actualizado sino que también están interesados en proporcionar a los lectores una pequeña variedad. Sin embargo, los propietarios de blogs que opten por este mensaje de mantener su blog actualizado deben considerar cuidadosamente cómo reaccionarán los lectores dedicados a este cambio. Esto es importante porque algunos lectores pueden no estar interesados en leer blogs escritos por un blogger invitado. Por lo tanto, el uso de un blogger invitado puede ser más perjudicial para el blog que no actualizarlo regularmente. Los bloggers pueden medir la reacción de los lectores al uso de bloggers invitados de dos maneras diferentes. El método más simple y directo es encuestar a los lectores sobre el uso de bloggers invitados. Esto se puede hacer pidiendo a los lectores que comenten sobre el tema y tabulando los comentarios recibidos. Otro método para medir la reacción del lector es presentar un blogger invitado y comparar el tráfico que recibe el blogger invitado con el tráfico que recibe el propietario del blog.

Uso de bloggers invitados

Los propietarios de un blog exitoso que tiene muchos seguidores a veces pueden tener la necesidad de usar bloggers invitados. Un ejemplo de cuándo esta práctica puede ser una buena idea es cuando el propietario de un blog popular no estará disponible para publicar nuevas entradas de blog durante un período prolongado de tiempo. En este caso, la falta de actualizaciones del blog puede hacer que el blog pierda tráfico, por lo que sería prudente que el propietario del blog haga arreglos para que un blogger invitado o una serie de bloggers invitados publiquen nuevos artículos durante su ausencia. El blogger también puede anunciar la intención de usar bloggers invitados durante este período de tiempo para garantizar que los

visitantes leales del blog estén al tanto de la situación y que solo sea temporal. Este artículo discutirá aspectos del uso de blogueros invitados, como la publicidad de blogueros invitados, la selección de blogueros invitados y la compensación de los blogueros invitados.

Publicidad para bloggers invitados

Hay varios lugares donde el propietario de un blog puede anunciar para bloggers invitados. Las bolsas de trabajo específicamente para bloggers o escritores independientes son una excelente opción para encontrar bloggers invitados. Las juntas de trabajo para blogueros son visitadas frecuentemente por blogueros experimentados que buscan nuevas oportunidades para bloguear por

compensación. Estos bloggers pueden tener experiencia específica con el tema del blog o simplemente pueden ser expertos en crear blogs interesantes sobre una variedad de temas. Las bolsas de trabajo para escritores independientes son otra gran opción. Es posible que estos escritores no necesariamente tengan experiencia en blogs, pero pueden tener otra experiencia de escritura que sea útil. Los propietarios de los blogs deben considerar publicar un mensaje detallado que especifique el tipo de trabajo requerido y la duración del proyecto y pedir clips de los escritores que puedan usarse para verificar el nivel de habilidad del escritor.

Los propietarios de blogs también pueden desear anunciarse para bloggers invitados en tableros de mensajes relacionados con el tema del blog. Los visitantes de este blog pueden no necesariamente tener experiencia en la

escritura, pero es probable que tengan bastante conocimiento sobre el tema del blog y, por lo tanto, sean capaces de producir blogs interesantes y perspicaces.

Selección de bloggers invitados

La selección de un blogger invitado debe hacerse con cuidado para garantizar que el blogger invitado sea confiable y capaz de producir publicaciones de blog articuladas, informativas e interesantes. Los propietarios de blogs que se anuncian para un blogger invitado en las bolsas de trabajo para bloggers y escritores independientes deben solicitar clips que demuestren la capacidad del escritor para escribir blogs que sean interesantes e informativos. Cuando se anuncia en un tablero de mensajes para un blogger invitado, el propietario del blog

159

puede considerar usar las publicaciones anteriores del solicitante para evaluar su capacidad de escritura y conocimiento del tema. También debe considerar el tipo de respuesta que suelen obtener las publicaciones en el tablero de mensajes del solicitante. Esto es importante porque es una buena indicación del tipo de respuesta que generarán los blogs. Los propietarios de los blogs también deben solicitar referencias a los solicitantes y deben comunicarse con estas referencias para obtener información sobre la ética laboral y la capacidad de los bloggers para completar proyectos.

Compensación de bloggers invitados

Los propietarios de blogs también deben considerar cuidadosamente cómo pretenden compensar a los bloggers invitados. Esto se puede hacer en forma de compensación financiera o permitiendo que el blogger invitado publique una breve biografía con un enlace a su sitio web o blog personal al final de la publicación del blog. La última forma de compensación es esencialmente un espacio publicitario gratuito para el blogger invitado. El propietario del blog también puede desear compensar al blogger invitado con una combinación de dinero y espacio publicitario gratuito. Independientemente del método de compensación elegido, el propietario del blog debe discutir esto con el blogger invitado antes de comenzar el trabajo y debe firmar un contrato por escrito con el blogger invitado que explícitamente establece los términos de la compensación para evitar disputas.

Cuando otros no aprueban tu blog

Independientemente del tema de un blog, todos los bloggers enfrentan el potencial de situaciones en las que otros no aprueban su blog. Aunque este tipo de reacción es popular entre los blogs centrados en cuestiones políticas o controvertidas, los bloggers que mantienen un blog personal también pueden enfrentar la desaprobación de aquellos que no aprueban las elecciones de los bloggers en la vida. Este artículo discutirá temas como tratar con comentarios negativos en un blog, tratar con críticas de amigos y familiares y abordará situaciones en las que los blogs pueden causar problemas legales para el blogger.

Lidiando con los comentarios negativos en tu blog

Los comentarios negativos publicados en un blog son una de las formas más comunes de desaprobación que puede recibir un blog. Estos comentarios pueden publicarse en respuesta a una publicación de blog específica o pueden publicarse como una objeción al blog en general. Estos comentarios negativos pueden ser muy preocupantes para el blogger, pero afortunadamente existen algunos métodos para lidiar con estos comentarios.

Los bloggers que están preocupados de que los comentarios negativos puedan influir en otros lectores del blog tienen algunas opciones para lidiar con estos comentarios negativos. Una forma de hacerlo es configurar el blog para que no permita comentarios. Esto eliminará efectivamente los comentarios, pero también eliminará los comentarios de los partidarios del blog. Otra opción que tiene un blogger es simplemente eliminar los comentarios negativos a medida que los encuentra. Este no es un método muy efectivo porque otros lectores pueden tener tiempo para leer los comentarios antes de que se eliminen. Los bloggers que están en línea a menudo y no están preocupados por los comentarios negativos que aparecen en el blog durante un corto período de tiempo pueden utilizar este método. Otro método para tratar los comentarios negativos incluye refutar estos comentarios en el blog. Finalmente, los blogueros a menudo tienen la oportunidad de prohibir a los visitantes que dejan comentarios negativos que hagan comentarios futuros.

Lidiar con las críticas de amigos y familiares

Los bloggers también pueden ser criticados por amigos y familiares por el contenido de sus blogs. Los amigos y familiares no pueden usar la sección de comentarios para expresar su desaprobación, pero pueden expresar sus inquietudes directamente al blogger en persona, por teléfono o por correo electrónico. Esta puede ser una situación difícil para los bloggers porque pueden estar divididos entre mantener el blog de acuerdo con su visión y mantener felices a sus amigos y familiares. En muchos casos, los amigos y miembros de la familia pueden oponerse a un blog porque creen que puede ser potencialmente dañino para el blogger o porque les preocupa cómo se reflejará el blog sobre ellos. En estas situaciones delicadas, el

blogger tiene la opción de eliminar o modificar el blog o hablar con los amigos y familiares para explicar sus sentimientos sin hacer cambios en el blog.

Cuando los blogs pueden causar problemas legales

Los bloggers deben tener en cuenta que hay algunas situaciones en las que su blog puede causar problemas legales. Hacer declaraciones sobre otra persona que sean falsas y difamatorias puede hacer que el tema del blog busque represalias por difamación. También se puede encontrar que otras publicaciones en el blog son ilegales por una amplia variedad de otras razones. Los bloggers pueden asumir que las leyes de libertad de expresión los protegen por completo, pero puede haber situaciones en

las que las declaraciones en un blog no estén protegidas por las leyes de libertad de expresión y el blogger se enfrenta a ramificaciones legales por sus publicaciones. Los blogs que violan las leyes de derechos de autor de otro también pueden causar problemas legales.

Exitos en tu emprendimiento! Conviertete en un BLOGGER EXPERTO!!!!!

Visita nuestra página de autores en Amazon! ¡Y consigue más MENTES LIBRES!

http://amazon.com/author/menteslibres

Si lo deseas, puedes dejar tu comentario sobre este libro haciendo clic en el siguiente enlace para que podamos seguir creciendo! ¡Muchas gracias por tu compra!

https://www.amazon.com/dp/B081HD9PYS

www.ingramcontent.com/pod-product-compliance
Lightning Source LLC
Chambersburg PA
CBHW071129050326
40690CB00008B/1390